AF356809

DESCRIPTION
DE
LA MACHINE
DV FEV D'ARTIFICE,
DRESSE'
POVR LA NAISSANCE
De Monseigneur
LE DAVPHIN.

PAR LA COMMVNAVTE' DES MAISTRES
Imprimeurs de la Ville de Lyon, le 20. Nouembre 1661.

A LYON,

De l'Imprimerie de PIERRE GVILLIMIN, en ruë Raisin
Proche la Place de Confort.

M. DC. LXI.
AVEC PERMISSION.

SVPPLIQVE
De la Communauté des Maiſtres Imprimeurs ;

A MESSIEVRS
LES PREVOST DES MARCHANDS
ET ESCHEVINS.

Le Pont qu'on
baſtit ſur la
Saône.

l'Horoſcope
des Lettres,
deſſein de la
Machine.

Tandis que Voſtre Addreſſe & Prompte & Magnifique
Fait des Arcs de Triomphe au DAVPHIN ſur les Eaux,
Souffrez que la Noſtre s'explique
Par des Arcs de Lumiere & des Aſtres Nouueaux.

AV DAVPHIN.

MONSEIGNEVR,

Dans la foule des Peuples, qui se presen-
tent au Berceau de Vostre Altesse Royale,
pour luy offrir leurs hômages, & leurs respects, souffrez que
l'Imprimerie vienne témoigner à vos pieds les empressemens qu'elle
a de vous voir dans les glorieuses entreprises, qui feront dans
quelques années le sujet de tous ses soins, & l'occupation la plus
agreable, & la plus ordinaire de ses Presses. Le rang que vos
Ancestres ont fait tenir à cét Art, & l'Appartement qu'ils luy
ont donné dans leur Louure, en ont fait vn Office de la Couronne.
Il est sur l'Estat de la Maison Royale depuis que les Muses
sont de la Cour ; & les Noms de François Premier, de trois
Henris, & de deux Louïs l'ont des-ja rendu si celebre, qu'il ose
s'approcher de vostre Berceau, comme du Thrône de toutes les
Graces.

En effect, MONSEIGNEVR, puisque V. A. R. est
née au milieu des douceurs de la Paix, & que les premiers baisers
qu'Elle a receus de son inuincible Peré, sont des baisers pacifiques:
les Muses que le bruit des Trompettes, & des Tambours auoit
éloignées du Louure y sont retournées pour augmenter la Pompe

A 2   de

de voſtre Naiſſance, & pour vous Couronner de toutes les fleurs
du Parnaſſe, comme elles ont Couronné voſtre Auguſte Mere de
toutes les guirlandes de l'Amour, & des oliues de la Paix, au iour
de ſon heureux Hymenée. Le temps viendra que ces Filles ſçauantes
feront des Couronnes à V. A. R. des Lauriers que ſes mains
Victorieuſes moiſſonneront ſous la conduite triomphante de ſon
inuincible Pere.

 Tandis que tous les Peuples en témoignent leur joye par l'har-
monie bruïante des Canons, & par la montre paiſible de mille
Buchers allumez, nous auons pris la liberté de meſler les marques
de la Noſtre à celles de tous les François ; Et pour la rendre
plus vniuerſelle, apres l'auoir exposée aux yeux d'vne grande
Ville, nous l'expoſons encore vne fois à la veuë de toute l'Europe,
pour apprendre à ceux, qui connoiſſent les Lettres, que Nous
ſommes,

MONSEIGNEVR,

De V. A. R.

Les tres humbles, tres obeïſſans, & tres fidelles
ſeruiteurs & ſujets, les Maiſtres Imprimeurs
de la Ville de Lyon.

Quendam erit
apta coronis
Vrae lucis
amor
Caerulei tutela
gregis
Recta ex
aduersus
DELPHINO
OPTATO PACIS MVNERI
FELICITATIS PVBLICÆ SPEV
FELICEM HOROSCOPVM
TYPOGRAPHIA LVGDVNÊSIS

DESSEIN
DE LA MACHINE
DV FEV D'ARTIFICE.

IL eſt bien iuſte que la Naiſſance des Princes inuite les Peuples à des Rejouïſſances Publiques, puis qu'ils ſont l'apuy des Eſtats, & les Eſperances du Monde. Ils ont cela de commun auec les Aſtres, qu'ils diſſipent les Tenebres auſſi-toſt qu'ils paroiſſent, & redonnent à la Nature tout l'éclat qu'Elle auoit perdu. La Couronne eſt du Droiƈt de leur naiſſance ; Et quoy que ces petites Majeſtez ſoyent ſujettes aux foibleſſes des autres Hommes, Elles naiſſent dans la Pourpre, & leur Berçeau eſt vn Thrône d'où Elles commençent à commander, & à ſe faire reſpeƈter, ſans qu'Elles ayent l'vſage de la Main ny de la Voix. Leurs Larmes quelque triſtes & plaintiues qu'elles ſoient, ſont ſemblables au Larmes de l'Aurore, qui cauſent l'Abondance & la Serenité ; Et les Souſpirs tendres, dont ces Monarques naiſſans, commençent à s'expliquer, ſont les Preſages les plus beaux & les Augures les plus agreables de la felicité des Peuples.

Depuis l'heureuſe nouuelle qu'Elle à receuë de la Naiſſance du Dauphin, Elle enſeuelit les pitoyables reſtes de ſes Maux, ſoubs la Cendre de mille Buchers, & l'ardeur qu'elle a pour le ſeruice de ſon Roy, eſclate dans toutes ſes Villes. Les Saillies de Sa joye perçent les Nuës de mille traits de Lumiere, & de mille Lances à feu,

A 3   qui

qui font les Interpretes les plus illuftres des refpectueux Sentimens
de fes Peuples, & de leurs Empreffemens à rendre leurs premiers
Refpects, à Celuy qui doit eftre leur Souuerain. Cette Ville n'a
pas efté des moins empreffées à donner des Marques publiques des
fiens. Toutes fes Ruës ont efté efclairées de femblables Feux le
fixiéme iour de ce Mois, & nos Magiftrats ont donné fept iours
aprés de pareils témoignages de leur zele, & de leur fidelité.

Les circonftances de cette Naiffance comparées auec celles de
la naiffance de noftre Monarque, font naiftre vne queftion autant
ingenieufe que problematique ; A fçauoir s'il eft plus glorieux de
naiftre comme ce Monarque, au milieu des Victoires & des Tro-
phées, ou au milieu des douceurs de la Paix, comme MON-
SEIGNEVR LE DAVPHIN. Car fi l'on a veû des
Palmes & des Lauriers autour du Berçeau de l'Inuincible Louïs,
fi les dépoüilles fanglantes & dechirées des Ennemis vaincus luy
feruirent de Maillots,& fi le bruit des Trompettes & des Tambours
fut meflé aux chanfons de fes Nourrices,Celuy-cy repofe au milieu
des Oliues, les Mufes l'endorment paifiblement au fon de leurs
agreables concerts, & les Arts trauaillent inceffamment à luy faire
des Couronnes moins fieres, & moins terribles, mais plus brillan-
tes & plus precieufes. Enfin le Ciel & la terre femblent auoir conf-
piré à rendre heureufe cette Fefte, puifque la troupe glorieufe des
Saints en fait vn iour de Palmes & de Triomphes.

Mais fi les Sciences, & les Arts employent leurs foins, & leur
addreffe à celebrer la Pompe de cette Naiffance, l'*Imprimerie*, qui
trauaille depuis prés de deux fiecles à l'Immortalité des Heros, n'eft
pas des moins emprefsées à témoigner fa joye ; & ne fe contentant
pas d'eftre l'interprete des fentimens de tous les Peuples en publiant
ce que les Mufes inuentent de plus rare , & de plus ingenieux à l'oc-
cafion de cette Fefte,veut outre le fecours de fes Lettres, donner des
marques plus fenfibles de cette joye en caracteres de lumiere. Ce
ne luy eft pas affez que fon Ancre & fon Noir de Fumée,foit la belle
Couleur qu'elle donne aux grandes Actions, & aux Illuftres Eue-
nemens, elle employe iufques aux feux & aux flames, pour ex-
primer tout l'éclat d'vne rejouïffance fi iufte.

Il ne faut pas s'eftonner qu'elle choififfe le plus agiffant des Ele-
mens pour expliquer les premieres faillies du bon-heur qu'elle at-
tend , & les Efperances qu'Elle a conçeuës à la naiffance d'vn
Prince,

Prince, qui fait déjà celles de tout vn Peuple , & de plus de trente Prouinces. Son Trauail euft efté trop lent , & fon Entreprife trop longue, fi Elle eût feulement fait rouler fes Preffes pour publier fes Sentimens. Elle referue ces Soins aux actions genereufes , dont Elle ne peut encore former que des Prefages , & n'ayant que fes Efperances à decouurir , rien ne le peut mieux faire que le Feu, qui eft tout Lumiere & tout Langue, pour les publier. Cét (A R T) qui ne trauaille que pour l'Efprit, à voulu que fon Entreprife ne fût pas moins ingenieufe, que diuertiffante ; Et c'eft pour ce Sujet qu'on a choifi pour Deffein *l'Horofcope des Lettres , foubs les fauorables Afpects de la Conftellation du D A V P H I N.*

Puifque le Ciel repand fur Nous fes Faueurs à pleines mains , Il merite d'attirer tous nos Regards , & de receuoir nos Hômages. C'eft auffi la caufe pourquoy , tandis que les Iudiciaires s'arreftent à confiderer l'afcendant de ce Prince qui vient de naiftre , Nous pouffons nos vœux iufqu'au Ciel par mille traits enflâmez ; Et Nous prenons pour fujet de noftre Machine la figure du Theme Celefte ; dont les faifeurs d'Horofcopes fe feruent pour former leurs coniectures.

On ne fçauroit rien inuenter de plus iufte , pour le fujet d'vne Naiffance que la montre des Aftres , dont obferue diligemment tous les Afpects en ces premiers momens de la vie ; & puifque les Eftoiles font des Caracteres lumineux où fe lifent nos deftinées , fi nous croyons les Iudiciaires , ce deffein a du raport à *l'Imprimerie* ; Enfin la conftellation dont nous faifons le Theme Celefte pour l'Horofcope des Lettres, eftant l'Image du Dauphin , fait vne application conforme au fujet de noftre Ioye.

La Machine deftinée à cét effet reprefente la figure dont les Iudiciaires fe feruent pour leurs obferuations ; & comme cette figure eft faite de deux quarrez & de douze triangles qu'ils appellent *Maifons* , celle-cy, a trois ordonnances , dont la premiere eft vn Portique quarré , la feconde eft a douze Faces , qui égalent le nombre des Maifons de l'Horofcope ; Et la troifiéme eft vn Pied'Eftal quarré , feruant de Bafe à quatre Figures. Pour donner vne entiere intelligence de ce Deffein , nous reprefentons icy la Figure des Afcendants,

La Machine qui represente cette Figure a trente pieds de hauteur, & dix pieds quarrez en la largeur de sa base : Elle est composée de trois parties, dont la premiere est vn Portique ouuert en Arceaux à quatre Faces, assorty de ses Pilastres, Corniches, Frises, Architraues & autres ornemens.

La seconde qui fait le corps de la Machine est à douze faces qui representent en Emblemes les Maisons du Theme Celeste.

La troisiéme est composée d'vn grand Pied'Estal quarré & de quatre figures qui portent vn Globe Celeste semé d'Estoilles, où l'on void la Voye de Laict auec la constellation du DAVPHIN, qui la touche, en la mesme situation qu'il a dans le Ciel.

Les quatre figures qui portent ce Globe Celeste, sont *l'Année, le Mois, le Iour & l'Heure.*

L'Année vestuë de verd, de iaune, de fuëilles mortes, & de blanc pour representer les quatre Saisons qui la composent, Le Printemps par la premiere, l'Esté & la Moisson par la seconde, l'Automne par la troisiéme, & l'Hyuer par la derniere, est couronnée d'vne guirlande de Violettes, d'Espics, de Raisins, & de Lierre pour le mesme sujet. Vn Serpent plié en rond luy sert de ceinture, estant depuis les Egyptiens le Hieroglyphe de l'Année.

Le Mois vestu de fuëilles mortes, pour representer Nouembre, a sur le cœur le signe du Scorpion. Vn Lunel formé de quatre Croissans luy fait vne espece de Diademe, vne Chaisne de trente pierres

pretieuses

pretieuſes, miſe en écharpe eſt le Symbole des iours dont le Mois eſt
compoſé, à cauſe que les Anciens marquoient ces iours d'autant de
petits cailloux blancs ou noirs, ſelon qu'ils eſtoient heureux ou mal-
heureux.

Le Iour party de Blanc & de Noir, à cauſe de la lumiere & des
Tenebres qui le partagent, eſt couronné d'vn Diademe auſſi party
de blanc & de bleu, le demy-cercle blanc eſt éleué en rayons pour
marquer la lumiere du Soleil, & le bleu eſt ſurmonté de quelques
Eſtoiles en forme de Fleurons. Sa ceinture moitié blanche moitié
noire eſt marquée de vingt-quatre heures ; Celle de Midy brille en
Or comme l'heure de noſtre bonheur : Il a ſur le cœur la figure de
Mars pour montrer que ce fut vn Mardy qu'arriua l'heureuſe naiſſance dont nous celebrons la Pompe.

L'Heure eſt veſtuë de blanc, à cauſe que les heures auoient des ſta-
tuës de pierre blanche chez les Erythreens au rapport de Pauſanias. *In Achaic.*
Cette robe blanche eſt ſemée de Fleurs, pource que comme eſcrit
Apulée, au Liu.7. elles ſemerent de Fleurs toute la maiſon aux
nopces d'Amour & de Pſyché. *Horæ roſis & cæteris floribus pur-
purabant omnia.* Elle a vne guirlande de Lupins, à cauſe que cette
Plante comme écrit *Pline*, marque les heures, & ſert d'Horloge
aux Villageois. *Primum omnium circumagitur cum Sole, horaſ-* *L. 18. cap. 14.*
que Agricolis etiam nubilo demonſtrat. Elle a vne montre ſur la
poitrine dont l'Eguille eſt tournée ſur le Midy, & vn Poudrier en
main.

Le Pied'Eſtal quarré, qui ſert de Baſe à ces figures porte en ſes
Angles quatre grands Dauphins qui degorgent des feſtons de Palmes & de Lauriers; dans les quatre faces, ſont repreſentées les naiſ-
ſances des quatre grands Planetes d'Apollon, ou du Soleil dans
l'Iſle de Delos; de Iupiter en celle de Candie, de Mars; & de Mercure en la Montagne Cylene. Ces quatre Planettes preſagent au
Dauphin, la Majeſté & l'eclat de la Royauté, l'Authorité, la Va-
leur & l'amour des lettres, qui font toute la gloire d'vn Prince.

Les douze faces qui repreſentent les maiſons ſont des meſmes
couleurs que les Iudiciaires leur attribuent, la premiere & la huitiéme ſont blanches, la ſeconde & la douzieme vertes, la troiſiéme &
l'onziéme iaunes, la quatriéme rouge, la cinquiéme, la ſeptiéme & la
dixiéme de cirage. La ſixiéme & la neufuiéme noires. *Quoy que la
diuerſité des ſentimens des Autheurs, ayt mis de la confuſion dans*

1. Albedo 2.
viridata 3.
Croceus color
4. Rubedo.
5. Mellitius co-
lor, 6. Nigredo
7. color melli-
tius 8. Albedo
9. Nigredo 10.
color Mellitius
11. Croceus 12.
viriditas.

B l'ordre

l'ordre des maisons de l'Horoscope, & que quelques-vns suiuent Alcabitius, les autres Regiomontanus,& quelques autres Magin, nous auons cru que nous n'estions pas obligez d'en iustifier la description, puis qu'elle n'est icy qu'vn dessein metaphorique.

Les douze signes sont representez dans les Frises, & les Inscriptions mises dans les Plinthes.

La premiere Maison nommée par les Iudiciaires la Maison de la Vie ou de la Naissance, represente en Embleme la renaissance des Lettres à la Naissance du Dauphin. Vn grand Dauphin dégorge des lettres qui se changent en autant de Princes qui ont aimé les Sciences, & les gens de Lettres : l'A, se change en Alexandre, le B, en Bardas oncle de Theophile Empereur d'Orient ; Le C, en Charlemagne ; Le D, en Darius Roy de Perse, qui consultoit les Sages ; l'F, en François premier, le G, en Galeas Visconte, affectionné aux sçauans, l'H, en Henry III. l'I en Iules Cesar, l'L, en Louys XIII. l'M, en Mecene, l'N en Nicolas V. P. l'O, en Othon III. Empereur, le P, en Ptolomée Philadelphe &c. Cét Embleme fait allusion à la Fable de Cadmus inuenteur des Lettres, qui sema les dents d'vn dragon, dont nasquirent des Soldats armez, & le sens de cette peinture est que le Dauphin fera refleurir les lettres & reuiure la memoire de ces Heros celebres, en cultiuant l'*Imprimerie*, qui conserue le souuenir de leurs actions genereuses; c'est ce que dit l'Inscription Hebraïque en ces mots זרע חיים qui signifient que les Caracteres sont la semence de l'immortalité.

Toutes les Inscriptions sont en langues differentes, pour montrer la diuersité des Caracteres, dont vse l'Imprimerie.

La seconde Maison nommée la Maison des Richesses, represente la Richesse auec des cornes d'abondance, d'où sortent des pieces de monnoye de toutes sortes, auec cette Inscription en langue Syriaque ܐܬܘ̈ܬܐ ܐܢܝܢ ܕܣܝܡܝܢ ܛܝܡܐ qui signifie que ce sont les Lettres, qui font le prix de l'or & de l'argent. Cette Inscription fait allusion aux premieres monnoyes de nos Roys, qui estoient simplement marquées & distinguées par des Caracteres, comme sont encores les monnoyes Turques.

La troisiéme Maison nommée la Maison des Freres & des Sœurs, represente les neuf Muses, auec le Dauphin Celeste, au dessus marqué de neuf estoiles. Germanicus Cesar dit de cette

constel

constellation qu'elle est la constellation des Muses, & le signe de ces neuf sçauantes Sœurs. *Habet stellas nouem & ideo Musicum signum dicitur eo quod in numero Musarum.* L'Inscription Arabe conceuë en ces mots الموافقه اخوات خلات ومستحجمه si-gnifie que l'vnion & la concorde de ces Sœurs n'est pas moins forte que singuliere.

La quatriéme est celle des Parens : Elle represente tous les Inuen-teurs des Lettres auec leurs habits semez des Caracteres qu'ils ont inuentez. Abraham Autheur des Lettres Syriaques, & Chaldaï-ques : Moyse des Hebraïques anciennes : Esdras des nouuelles : Mercure des Egyptiennes hieroglyphiques: Hercule des Phrygien-nes : Memnon, & la Reine Isis des Caracteres Egyptiens : Phe-nix des Pheniciens : Cadmus de seize lettres Grecques : Palamede de quatre autres : & Simonides Melicus d'autres quatre : Pytha-gore de l'Y : Nicostrata Carmenta des Latines : Demaratus des Hetruriennes : S. Iean Chrysostome des Armeniennes : S. Ierôme des Illyriques : Vlphias des Gothiques,&c. L'Inscription Grecque Θυγατέρων·γονέες Ζώτικοι Ἀθανάτων, signifie que les Peres de ces Filles immortelles ne doiuent iamais mourir.

La cinquiéme, est celle des Enfans : Elle represente des Liures de toutes sortes, auec cette inscription Latine :

Libri Literarum Liberi.

La sixiéme, qui est celle des maladies represente Esculape, tenant en forme pyramidale le mot *Abracadabra*, qui guerit la fievre, au rapport de quelques anciens Autheurs, estant écrit de cette sorte. Cét Embleme nous enseigne, que les Lettres sont les meilleurs remedes dont nous puissions vser dans nos maux, c'est ce que dit l'inscription Françoise :

Le remede de tous les maux.

La septiéme Maison, dite la Maison des Alliances, represente l'Amour & la Paix, qui lient de lacs d'Amour les Chiffres du Roy, & de la Reine, faits de Roses, & d'autres Fleurs, auec cette inscri-ption Italienne :

Dolci lacci sono al cuore,
Belle sillabe d'Amore.

La huictiéme, nommée, La Maison de la Mort, represente vn Squelette, qui foule des Couronnes, des Thiares, des Sceptres & cent autres marques d'honneur, & l'immortalité qui la terrasse & graue des Epitaphes fur le Marbre & fur l'Airain auec ces vers Efpagnols,

Eftas folas tienen Suerte,
De no temer a la muerte.

La neufviéme eft celle de la Religion ou de la Pieté, elle reprefente vn Prelat, qui forme auec fa Croffe l'Alphabet fur le paué d'vne Eglife, pour la confacrer auec cette deuife Allemande. Die Buchftaben fein auch heilige myfterien, qui fignifie que les Lettres font des myfteres facrez.

La dixiéme, eft la Maifon des Honneurs, elle reprefente vn Alphabet couronné de toutes les marques d'honneur Electiues, qui ont fait en diuers temps la recompenfe des Sçauans; L'A, eft couronné d'vne Thiare, & fait le chiffre d'Alexandre VII. Le B, de la Thiare Imperiale; le C, d'vn Chapeau de Cardinal; le D, du Laurier du Doctorat; l'E, de la Mitre Epifcopale; l'F, du Bonnet Ducal de la Republique de Venife; le G, du Mortier de Chancelier; l'H, du Mortier de Prefident; l'I, du Bonnet quarré des Docteurs; l'L, de la Couronne des Poëtes; l'M, eft entourée du Collier de Cheualerie, que l'Empereur Sigifmond donnoit aux Sçauans, &c.

L'Infcription Angloife, *They are Vvorthy of al honour,* exprime que les Lettres font dignes de tous les honneurs.

L'onziéme Maifon eft celle des Amis, on y void quantité de paquets de Lettres que l'Amitié tient entre les mains, auec cette Infcription Flamande, *Sy fyn één EVv iglycke bandt van die liefde,* qui fignifie que les Lettres font les liens eternels de l'Amitié.

La douziéme & la derniere eft la Maifon des Voyages, & reprefente la Science au milieu des Alphabets Turc, Perfan, Chinois, & Armenien, & l'Infcription en cette derniere langue enfeigne que les Lettres ne font eftrangeres en aucun lieu, ոչ ուրէք ապատակիզը

Aux quatre Clefs des Arceaux du grand Portique font peintes les Armoiries de la Communauté des Imprimeurs de cette Ville, qui font d'azur au Lyon d'or, mantelé d'argent, femé de l'Alphabet de fable à la bordure d'or, chargée de huit Coquilles d'azur.

La Frife eft diuifée en cinq Panneaux pour chaque Face; Les Infcriptions mifes dans ceux qui font le milieu de châqu'vne de ces Faces, font celles-cy;

DELPHINO

I.

DELPHINO

Optato Pacis muneri
Felicitatis Publicæ ſpei
Felicem Horoſcopum
Typographia Lvgdvnensis.

II.

La Palme & le Laurier n'ont ny füeïlle ny branche
Qui de noſtre DAVPHIN ne couronne le Front ;
Puis que le Ciel a pris pour luy l'écharpe blanche
Et qu'à nos premiers Vœux il ſe montre ſi prompt.

La voye de
Laiçt pres du
DAVPHIN.

III.

Ce beau fruit de la Paix qu'vn Royal Hymenée
Nous a donné ſi-toſt pour répondre à nos Vœux
Pour luy rendre l'éclat dont il a Couronnée
Exige nos Reſpets & demande nos Feux.

IV.

DELPHINVS.

Literarum fauſtus Horoſcopus
Dum in Ære noſtro eſt,
Et nobis ſua debet Nomina
Lucem quam accipit redditurus
Olim cum fœnore.
Ætatem auream literis auguratur.

Chalcogra-
phia.

Les autres Panneaux plus proches des Inſcriptions, ſont rem-
plis, d'Emblemes ou de Deuiſes dont les corps ont rapport aux
Lettres.

La premiere eſt vn quarreau de Fleurs marquées de Lettres auec ce vers de Virgile.

Inſcripti nomina Regum naſcuntur.

Pour montrer que les Lettres ſeruent à la gloire des Princes.

La ſeconde eſt vn Cadenat à Lettres , qui ferme vn cabinet ouuert à iour, plein de Statuës Antiques, de Medailles &c.

Tuta Cuſtodibus iſtis.

Pour ſignifier que ce ſont les Letrtes , qui conſeruent les Threſors de l'Antiquité.

La troiſiéme eſt vne forme d'Imprimerie, dont tous les Caracteres ſont tournez à gauche.

Recta ex aduerſis.

Les Lettres & les Sciences nous enſeignent à profiter des aduerſitez.

La quatriéme , vne Montre , dont quelques Lettres marquent les heures.

Moſtran todos los tiempos.

Les Lettres enſeignent tous les temps , comme elles marquent toutes les heures.

La cinquiéme vne figure Geometrique diſtinguée par des Lettres qui ſeruent à l'expliquer.

Linea nulla ſine his.

Cette Deuiſe enſeigne que le ſeul trauail conſiderable, eſt celuy des Lettres, & des Sciences.

La ſixiéme le Delta Celeſte, qui fait vne conſtellation.

Cœlo ſola nitet.

Cette lettre qui eſt la premiere du nom du D A V P H I N, eſt la ſeule dans le Ciel, & par vn ſecond rapport qui n'eſt pas moins heureux, elle eſt appellée D E L P H I N dans l'Alphabet Sarrazin, comme on peut voir en l'Alphabetaire vniuerſel de *Ioannes Palatinus* , tellement que nous pouuons dire que le DAVPHIN eſt vn preſent du Ciel, puis que ſon Chiffre & ſon Symbole y font deux conſtellations.

La ſeptiéme, des paquets de Lettres.

Secreta docent & diſſita.

Les Lettres , & les Sciences enſeignent les choſes les plus cachées, & les plus éloignées.

La

La huictiéme vn Tombeau auec ſes Inſcriptions.

Etiam poſt fata ſuperſtant.

Les ſeules lettres ſont immortelles, tout le reſte paſſe auec le temps , & deuient la proye de la mort.

Les autres huit Deuiſes des panneaux des Angles conuient à la naiſſance du DAVPHIN.

La premiere eſt le Dauphin celeſte prés de la Voye de laict, qui eſt la partie la plus éclairée du Ciel.

Candorem cum lacte bibit.

La ſeconde eſt vn Dauphin paroiſſant ſur les eaux apres la tempeſte.

Sedatis fluctibus exit.

Comme ce Roy des poiſſons paroit apres la tempeſte , de meſme Monſeigneur le DAVPHIN eſt né apres la fin de la guerre, & dans les douceurs de la paix.

La troiſiéme eſt vn Dauphin venant au bord de l'eau ou vn feu paroit allumé.

Vrget lucis amor.

Le deſir de la gloire ſera le motif le plus preſſant qui portera ce ieune Prince à faire de belles actions, comme il ſemble auoir auan- cé ſa Naiſſance, pour voir plûtoſt l'éclat de ſon Pere.

La quatriéme eſt vn Dauphin conduiſant vne troupe de poiſſons.

Cærulei tutela gregis.

Ce Royaume eſt ſouuent nommé par les Poëtes *Regnum cæ- ruleum*, à cauſe de l'azur, qui fait le champ de ſon blaſon, & cette deuiſe nous enſeigne , que Monſeigneur le DAVPHIN doit eſtre la defenſe des François , comme le Dauphin eſt ſuiuy de plu- ſieurs poiſſons , pource qui les defend contre les attaques de ceux qui en veulent à leur vie.

La cinquiéme eſt vn petit laurier qui ne fait que naiſtre.

Quondam erit apta coronis.

Cette deuiſe nous apprend que Monſeigneur le DAVPHIN eſt deſtiné ſucceſſeur de la Couronne par droit hereditaire, comme le laurier eſt deſtiné aux Couronnes.

La ſixiéme vn bouton de roſe.

Naſcentem purpura veſtit.

La ſeptiéme vne nacre où l'on void vne perle tachée de l'eau

de

de la mer, auec vne douce rosée, qui tombe du Ciel.

Ista dabit Natiuum Lympha decorem.

Pour signifier que le Baptesme luy donnera la grace, dont le peché originel nous priue en naissant.

La huitiéme de la cire mise en fueilles, & encore jaune exposée à l'air pour estre blanchie.

Cælesti de rore trahet candorem.

Elle s'applique au mesme sujet que la precedente.

Les huit Pilastres qui portent cette corniche sont semez d'autant d'Alphabets de differentes langues pour apprendre que les lettres sont les soustiens des Estats.

Les triangles des arceaux sont marquez des chiffres du Roy & de la Reyne, de fleurs de Lis, & de Dauphins entrelassez.

Voicy vn quatrain Italien sur le sujet de cette Machine fait par vne personne dont la naissance, l'esprit, le merite, & les belles qualitez sont également illustres : l'affection qu'il a pour nostre nation, dont il a donné des marques en vn excellent discours *del Genio Italo-Gallo*, merite nos reconnoissances.

Sù le Lettere & su'l DELPHINO.
QVATERNARIO.
Alludente all' horoscopo.

Miráro Astrologastri, ò si sognáro
Sillabe in ciel di fausto annuncio, ò duro:
Sia falso, ò ver; pur ch' iui appaia chiaro
Il Nome di DELPHINO, altro non curo.

Le zele que nos Magistrats ont tousjours fait Paroistre dans les occasions du seruice de sa Majesté, & dans les témoignáges de respects que les Habitans de cette Ville luy ont rendus; a porté la Communauté des Maistres Imprimeurs à les prier d'honorer de leur presence la Rejouïssance qu'Elle fait à l'occasion de la Naissance de Monseigneur le DAVPHIN : & de mettre le feu à l'Artifice qu'ils ont dressé auec leur permission en la Place de Confort. Pour ce sujet Messieurs les Preuost des Marchands & Escheuins, ont ordonné au Pennonage de ce mesme Quartier de se mettre sous les Armes, & il s'est trouué par vne rencontre tout à fait heureuse, qu'il est commandé par deux Personnes de cette mesme Communauté, à laquelle il n'est pas noueau de seruir nos Roys, aussi bien en l'exercice des Armes qu'en celuy des Lettres; Aussi ont ils acquis vne reputation eternelle à leur Communauté, ayant soûtenu les interests de Henry IV. & contribué à la reduction de cette Ville sous son obeïssance, comme il appert par les Lettres Patentes de ce Monarque données à Paris, le 6. Auril de l'an 1594. Signées Forget, verifiées au Parlement de Paris le 5. May de la mesme année. Signé DV TILLET. Depuis cette Communauté a toûjours fait paroître son zele, aux occasions qu'elle a eüs d'honorer nos Roys; comme en font foy les Liures presentez à Henry IV. & Louïs XIII. de Triomphante memoire, en leurs entrées solemnelles en cette Ville; La rejouïssance faite en la Naissance de ce dernier, où les Maistres Imprimeurs representerent vn magnifique Chariot enrichi de Figures, Emblemes, Deuises & autres ornemens.

Le sieur Bergeret Artificier ordinaire du Roy & de la Ville, a eu la conduite de tout l'Artifice, où il n'a pas moins fait paroître d'adresse, qu'en toutes les autres occasions où il a eu semblables employs.

FESTI NATALES
DELPHINI
SILVA.

Coelestes animæ, genus alto à femine diuûm,
Estis io : festis micet ignibus vndique cœlum,
Crebra tonent placido tormenta curulia plausu,
Explodantque truces animis melioribus iras.
Implerunt superi cumulatè vota, nec vlli
Iam desiderio locus est post munera pacis,
Regalesque thoros, & casti pignus amoris.
Audior : effuso collucent omnia luxu,
Et veteres inimicitias elementa resumunt
Lætitiæ in specimen : totus flagrat ignibus æther,
Missilibusque nitet radiis, inuertitur ordo,
Et chaos antiquum reuocat, patremque reducit
Natus amor, cælumque polis & sidera miscet ;
Vulcano Thethys consentit, solibus vmbræ :
Monstra volant, volucresque natant, & singula lucent.
Non tenebris seruata fides, concessa Sorori
Iura Dies iterum violat, lucemque reponit.
Cum Delphinus aquis innatus suscitat ignes.
Quod vetuit Natura, iubet : nec fœdera rerum
In tantum laxare timet, modo gaudia ruptis
Legibus in fœdus coëant atque omina versent.
Sparguntur flammæ, mentitaque sidera certant
Sideribus, fictóque ruit sub syrmate cœlum.
Hospitibus calet vnda rogis, & lucis amicum
Squammosum genus in mediâ audet ludere flammâ.
Dum simulachra stupet rapidis erratica gyris
Vndolos intrare sinus, nitratáque circùm
Agmina Delphinûm lasciuis serpere formis,
Per apsus signare vias, vestigia flammis

C   Ducere

Ducere, & intortos iaculari corpore fluctus,
Assultat squammosa phalanx, & lubrica verrens
Alludit; patulisque secat vada cærula pinnis.
Igniuomæ volucres celeri per inane volatu
Icarios referunt ausus, & fabula quondam
Dædalus hic veros circumplicat orbibus orbes,
Itque reditque vias petulanti sulphure fartus,
Et labyrinthæis ambagibus aëra tranat
Anfractus dum flamma subit; sed viscera tandem
Desiliunt aluo lacerâ, centumque cerastas,
Vipereósque parit fœcundo vulnere fœtus.
Intereà solers Natura recolligit ignes,
Cæloque infigit festiuæ semina lucis.
Quod stella est scintilla fuit, datur æthra natari
DELPHINO, fictoque iacet sub sidere sidus.
Mars vidit, cœlumque inter vaga lumina cernens
Infixas abiisse faces, stupet insita fata
Vulcani soboli post ludicra fercula pompæ,
Miraturque nouis oculatos ignibus orbes.
Ast vbi squammosam concreto lumine molem
Et scintillatas vidit succrescere pinnas;
Votorum satis est, inquit, sublimia Delphin
Occupat, & totum Regnator temperat orbem,
Terrarum, pelagique potens modo sidera torquet;
Et noster DELPHINVS erit: meque auspice terris
Concessus superas tandem me vindice sedes
Post seros repetet soles, longâ que solutâ
Fatorum serie releget vestigia Patrum,
Et Consanguineis fiet vicinior astris.
Borbonios nam Phœbus habet comitésque ducésque;
Hic Mauortis erit. Nascentem namque sub auras
Excepi fouíque sinu, postque oscula centum,
Atque inspiratas armata per oscula vires
Infudi pueri generosam in pectore Lucem:
Nam Martis Lux illa fuit; palmísque verenda
Et Lauros inter TERESIA vt altera Iuno
Martem enixa sinu festa inter gaudia pacis,
Non imbelle genus peperit. Non stamina Parcæ

Mollia

Mollia nascenti neuerunt vellera Serûm.
Signarunt adamante diem, Lunaque Minoris
Auguria, & sacri seruarunt ordinis agmen
Incubuisse diu curis, Solymamque, Syonemque
Ingeminasse inter natalis carmina cantus.
Heroüm festiua dies, & numina centum
Immortale tibi spondent Puer inclyte nomen.
Dixerat, intereà quatiunt cunabula Musa,
Alternantque vices Amor & Lucina precata
Felicem Puero, fortunatamque Parenti
Annorum seriem; dum Pompa satellite multo
Bellaqueos subiit fines bona verba locuta.
Canities veneranda Patrum, quos prima tulere
Tempora, sic fatur libatque per oscula cunas.
Macte puer virtute annos, & præcoce cinctu
Ætatem præuerte, tibi nam debita fama est,
Qualem nec veteres patribus fecere triumphi.
Euentus prædicta probent, fortuna secundet,
Virtutisque comes victoria certa sequatur
Auguria, & frontem palmarum messe coronet.
Tu Solymen, nostram Solymen, calcataque quondam
Numine restitues sancta delubra Sionis.
Excipit Hebræos vates numerosa canentûm
Turma puellarum, quas sustulit atra tyrannis.
Immixti pueri cunabula thure vaporant
Et manibus spargunt argentea lilia plenis.
Heroassordo alter habet, certamine claros
Martyras, inque suo trabeatos sanguine Diuos.
Nam quoties maduit pretioso murice tellus
Ebria, & vndantem vix exceptura cruorem,
In primum quoties redierunt flumina fontem!
Plurima tum subeunt vtriúsque examina sexûs
Et puero sua dona ferunt, & munera Patri.
Hos inter Regale genus, tua sceptra potiti
Gallia, succedunt Heroës stemmatè longo.
Iam Caroli, Henricique & nomina Magna Philippi,
Insinuant animos & grandia facta Nepoti.
Porrigit in venetâ Clodouæus lilia parmâ

Atque ancile Sacrum cœli venerabile pignus
Appendit pueri cunis, & basia libat.
Insignis trabeâ Pipinus stemmatis author
Alterius , Regúmque Parens Martellus eburnum
Auratumque ferunt in iuris Symbola Sceptrum.
Tum primus regale decus numerare parentem
Cui dedit indigenas inter procerésque tueri,
Atque Palatinos inter censere dynastas
DELPHINVM saluere iubet, subiectáque cunis
Sceptra decussatim puero diuturna precatur.
Incedit Tyrio splendens Lodoicus in ostro
Ille cui sacros Flamen concessit honores
Et dedit esse parem superis arásque tenere.
Quale micat iubar ex oculis? quæ lumina spargit
Innumeris circum radiatus tempora gemmis?
Incumbit totus puero sensimque capacem
Insinuans animam diuinum instillat amorem ,
Et iubet esse pium, facient quem fata beatum.
Musarum Franciscus amor, titulísque superbus
Ipse suis , petit esse suo dilecta nepoti
Otia Castalidum, & Sacri Mysteria Phœbi.
Henricus manibus teneris accommodat ensem ,
Et videt in vultu vestigia certa futuri.
Quantus eris puer, exclamat, quot fata tuorum
Implebis quondam ridentibus editus astris ?
Exoreris dilectus Auis, Cœlo auspice terras
Ingrederis, Sanctámque diem vagitibus imples.
Compensas & nate moras, quas lenta parenti
Formando natura priùs , longóque labore
Attulerat; facili superans obstacula nisu
In lucem traheris decimi post fœdera lecti.
Sis atauo Maior, Cognominis etymon imple ,
Quod virtus animi infragilis , ferróque parata
Sceptra dedere mihi, sic tu duo nomina iunges :
Meque Patrémque simul titulo miscebis in vno,
Et Magnus Lodoicus eris , cape nobile ferrum
Sæpè quod effuso tinxerunt vulnera tabo.
Quod tentauit auus , quod Patris Martia virtus

Promouit,

Promouit, captóque insistens arduus instat,
Perficies ; Te námque manet pars altera laudis.
Hác cecidit Rupella die, qua Nasceris orbi :
Fortunent superi felicibus omina fatis.
Exitiale feres lernaâ in viscera ferrum ,
Et tibi sub galeâ prima hæc dum voluitur ætas,
Hæreticam exscindes non vno vulnere labem.
Hæc ait , & placidum nutu testatus amorem
Permittit Nato Infantem ; Iustóque relinquit
Astræa mandata ; Pium nam Gallia vidit ;
Et Libram gladio felici fœdere iunxit.
Insequitur, pronóque petens data basia vultu
Hæc fatur puero ; Si quæ mihi vota supersint
Post Patrum bona verba, diu te Numina seruent.
Esto Patri similis , seriem superabis Auorum
Venturísque exemplar eris : Sed Nate memento
Te Mundi Populique Patrem ; pia iura reposce ;
Borbonij famam generis virtutibus imple ,
Integrámque ferant Regni molimina mentem.
Finierat : Superos repetit pia turba penates;
Cum Regale subit stipatus milite tectum,
Affusúsque thoro genitor mille oscula proli
Donat , & imbibitos Maiorum suscitat ignes.
Arridet Patri blando puer ore renidens,
Et ni cincta vetet replicatis fascia gyris
Totus in amplexus rueret , collóque paterno
Pendulus applicitis exsugeret oscula labris.
Mox te oculis TERESA bibit, Matrique, Patriǽ
Diuiduus , geminis vnum partitur amorem.
Fortunate Puer felicibus vtere fatis,
Et cui diua dedit lux viuere , vota secundet
Lux eadem , Patribúsque piis accommodet æuum.

Canebat Lugduni,
C. F. M.

C 3

LA NAISSANCE
DV DAVPHIN,
A FONTAINEBLEAV.
ELEGIE.

BELLES Eaux, qui vn Dauphin vient de rendre fecondes,
Ne portez pas plus loin le tribut de vos ondes ;
Suſpendez voſtre courſe, & que Fontainebleau
Vous ſerue en meſme temps de lit, & de tombeau.
Heureuſes d'y trouuer vn Monarque pour Maiſtre
Seruez y cét Heros, qui ne fait que de naiſtre.
Depuis qu'en voſtre ſein il vient d'eſtre laué,
Et que voſtre froideur a ſes feux éprouué ;
Les Nimphes ont quitté le ſejour de la Seine,
Et changé leurs Palais en vn coin de fontaine.
De ce rare bon-heur cent fleuues ſont jaloux
Et l'Ocean n'a rien de ſi digne que vous.
L'Hippocrene n'a plus de fleurs, ny de guirlandes,
Vous ſeules receuez de pareilles offrandes,
Et le chœur immortel des neuf ſçauantes Sœurs
Ne trouue plus qu'icy de ſenſibles douceurs.
De ce riant ſejour les nymphes empreſſées
Eſperent à leur tour d'en eſtre careſſées.
C'eſt ſous leurs arbres verts que les plus grãds Heros
Apres vn long trauail ont trouué du repos,
Et dechargez des ſoins d'vne guerre importune
S'y ſont mis à couuert des coups de la fortune.
On les a vûs ſouuent deſſous ces arbriſſeaux
S'expliquer de leurs feux au coulant de vos eaux.
Là l'Echo mille fois languiſſante, & plaintiue
A porté leurs ſouſpirs de l'vne à l'autre riue,
Et ces ſouſpirs d'amour l'vn ſur l'autre pouſſez

Sonnent

Souuent dans voſtre ſein ſe ſont embarraſſez.
Que l'on a vû de fois dans leurs voutes liquides
Mille Nymphes pour eux de leurs larmes humides,
Et que dans ces forets ſe ſont ſouuent ouïs
Le beau nom de THERESE & celuy de LOVIS,
Quand ce ieune Monarque auant ſon hymenée
Attendoit dans ces bois la ſaiſon fortunée,
Qui d'vn double lien & de paix & d'amour
Deuoit joindre leurs cœurs en ce charmant ſeiour.
Diane l'occupoit dans cette ſolitude
Charmant de ſes deſirs l'aimable inquietude,
Et ce Prince Chaſſeur tendoit dans les Forets
Cependant que ſon cœur eſtoit en d'autres rets.
THERESE à qui l'Amour auoit donné ſes armes,
Tenoit ce cœur captif, & lié de ſes charmes;
Quand ce cœur glorieux de ſa captiuité
Aux hoſtes des foreſts oſtoit la liberté.
Depuis ces deux Amants aupres de vos fontaines,
Ont fait voir leurs ardeurs, ont expliqué leurs peines,
Souuent voſtre froideur en a ſenti les feux,
Et vos flots ſuſpendus chargez de mille vœux,
Dans leurs replis d'argent d'vne courſe trop lente.
De nos iuſtes deſirs ſuſpendoient trop l'attente,
Quand la Nymphe à cent voix, toute langue & toute yeux,
Fit retentir par tout cet Hymen glorieux,
Et des chaſtes Amours de ce couple fidele
Sema par l'Vniuers la charmante nouuelle.
Le Tybre en treſſaillit, le Iourdain en trembla,
Quand le vaſte Ocean les fleuues aſſembla,
Et d'vn ton de Monarque ayant pris la parole
Impoſa de la main ſilence aux fils d'Eole:
Tout alors fut tranquille & le Prince des eaux
Parla de cette ſorte à ſes hoſtes nouueaux.
Puiſque le Ciel deſtine vn DAVPHIN à la France,
Et qu'il en a marqué la pompeuſe naiſſance,
Dans vn de mes Palais, & que Fontainebleau
Luy doit bien-toſt ſeruir de Trône & de Berceau;
Allez mettre à ſes pieds le tribut de vos ondes,

De

De vos grands reſeruoirs ouurez toutes les bondes,
Et que vos flots les vns ſur les autres pouſſez,
A ſeruir ce DAVPHIN paroiſſent empreſſez.
Vn iour vous le verrez aydé de la Fortune
Conduire cent Vaiſſeaux ſur le dos de Neptune
Et pour mettre pluſtoſt le Croiſſant en decours,
Liguer cinq ou ſix Roys, & ioindre autant de Cours.
Sous luy de cent climats les troupes fortunées
Reuiendront d'Orient de Palmes couronnées.
Quelque grands quelque verts qu'on ayt vû les Lauriers,
Que ſon Pere a cüeillis dans les trauaux guerriers;
Quelque bruit qu'il ayt fait durant deux ou trois Luſtres,
Dans cent occaſions, dans cent combats Illuſtres,
Ces Lauriers ne ſont point ny ſi verts, ny ſi grands
Que ceux que l'on reſerue à ces deux conquerants.
Châque fleuue applaudit à ce fameux augure,
D'vn air reſpectueux, d'vn paiſible murmure,
Et reprenant ſon vrne alla ioindre ſes eaux,
Tandis que l'Ocean r'entra ſous ſes roſeaux,
Et dans ſon grand Palais de Rocailles antiques
Alla faire au DAVPHIN des bijoux magnifiques,
Il luy fit vn Berceau de Nacre & de Corail;
Du vaſte ſein des eaux ce Prince Liberal
Tira mille rubis pour faire ſon ouurage
Digne d'eſtre admiré de la Seine & du Tage.
L'éclat des diamants aux turquoiſes meſlé,
Et l'or de tous coſtez en feſtons ciſelé
De cent rares detours conduits auec addreſſe,
Confondoient les replis & meſloient la richeſſe.
Par deux hoſtes des eaux ces preſents ſont portez,
Iuſqu'à Fontainebleau des Dauphins eſcortez
Tandis que cent ruiſſeaux par des routes ſecretes
Y font en meſme temps entrer leurs interpretes
Pour offrir leurs reſpets, & chacun à leur tour
Complimenter les Dieux de ce charmant ſejour.

C. F. M.